P R E S E N T A D O   A

P O R

F E C H A

EL ÉXITO

DÍA POR DÍA

JOHN C. MAXWELL

Betania es un sello de Editorial Caribe, Inc.

© 2002 Editorial Caribe, Inc.
Una división de Thomas Nelson, Inc.
Nashville, TN, E.U.A.
www.caribebetania.com

Título en inglés: Success One Day At A Time
© 1999 INJOY Ministries, Georgia 30092
Publicado por J. Countryman®,
una división de Thomas Nelson, Inc.

A menos que se señale lo contrario, todas las citas bíblicas
son tomadas de la Versión Reina-Valera 1960
© 1960 Sociedades Bíblicas Unidas en América Latina.
Usadas con permiso.

Traductor: Ricardo Acosta

ISBN: 0-88113-611-5

Impreso en Singapur
Printed in Singapore

Usted no cambiará su vida a

menos que cambie algo que hace diariamente.

El secreto de su éxito se encuentra

en su rutina diaria.

— J O H N   C.   M A X W E L L

¿**Q**uién no anhela el éxito? Podría parecer extraño hacer esta pregunta. Sin embargo, la mayoría de las personas que usted conoce nunca triunfarán. Soñarán con el éxito. Hablarán de él, pero casi ninguna lo conseguirá. Y esto es una pena.

¿Por qué ocurre esto? Porque la mayoría de las personas no comprenden el éxito. No es una lotería. Usted no se detiene en la tienda de la esquina camino a casa, compra un billete y luego espera que le llegue el éxito. Tampoco es un lugar que encuentra cuando alcanza alguna época mágica de la vida. El éxito no es un destino... es algo diario. La única manera de conseguirlo es haciéndolo día por día.

LA VERDAD SOBRE EL ÉXITO

Para triunfar usted no necesita tener suerte ni riquezas. Lo que necesita es saber esto:

- Usted es lo que hace a diario.
- Primero, usted crea sus hábitos; luego sus hábitos lo crean a usted.
- Es igual de fácil crear hábitos de triunfo que crear hábitos de fracaso.

Cada día que vive está en el proceso de transformarse. El

que se convierta en alguien mejor o peor depende de aquello a lo que usted se de. Permítame por favor darle algunos consejos sobre cómo convertirse en una persona exitosa.

SIETE PASOS HACIA EL ÉXITO

1. Haga el compromiso de crecer a diario. Uno de los errores más graves que cometen las personas es tener el enfoque equivocado. El éxito no llega por adquirir, conseguir o avanzar. Llega solo como resultado del crecimiento. Si hace que su meta sea crecer un poco todos los días, no pasará mucho tiempo antes de comenzar a ver resultados positivos en su vida. El poeta Robert Browning lo expresó así: «¿Por qué permanecer en la tierra si no es para crecer?»

2. Valore más el proceso que los sucesos. Los sucesos específicos de la vida son buenos para tomar decisiones, pero es el proceso de cambio y crecimiento lo que tiene valor perdurable. Si usted quiere pasar al siguiente nivel, luche por mejorar continuamente.

3. No espere inspiración. El gran baloncestista Jerry West dijo: «No podrá conseguir mucho en la vida si solo trabaja los días en que se siente bien». La gente que llega lejos lo logra porque se motiva a sí misma y da lo mejor de sí, a pesar de cómo se sienta. Para triunfar, persevere.

4. Esté dispuesto a sacrificar el placer por la oportunidad. Una de las lecciones más importantes que aprendí de mi padre es el principio de "pague ahora, disfrute después". En la vida hay que pagar un precio por todo. Usted decide si lo pagará al principio o al final. Si lo paga al principio, entonces disfrutará enormes recompensas al final... y esas recompensas saben mucho más dulces.

5. Sueñe en grande. No vale la pena soñar pequeño. Robert J. Kriegel y Louis Patler, autores de If It Aint't Broke, Break It [Si no está roto, rómpalo], aseguran: «No tenemos ni un indicio de cuáles son los límites de las personas. Las pruebas, los cronómetros y las líneas de llegada en todo el mundo no pueden medir el potencial humano. Cuando alguien anda en busca de su sueño, sobrepasará sus aparentes limitaciones. El potencial que existe dentro de nosotros es ilimitado y sumamente inexplorado. Cuando usted piensa en límites, entonces los crea».

6. Establezca sus prioridades. Algo que tienen en común todas las personas exitosas es que dominan la destreza de manejar su tiempo. Lo primero y más importante es que se han organizado a sí mismas. Henry Kaiser, fundador de Kaiser Aluminum y Kaiser Permanente Health Care, dice: «Cada minuto gastado en planificación le ahorrará dos en ejecución». Nunca recuperará el tiempo perdido, por lo que debe sacar el máximo provecho de cada momento.

7. Sacrifique para crecer. No se consigue nada de valor sin sacrificio. La vida está llena de momentos críticos en los que tendrá la oportunidad de cambiar una cosa que valora por otra. Espere esos momentos con los ojos abiertos y asegúrese siempre de cambiar para bien, no para mal.

Si se dedica a seguir estos siete pasos entonces irá mejorando y tendrá éxito. Quizás su crecimiento no sea repentinamente muy obvio para otros, pero usted verá su progreso casi de inmediato. Aunque el reconocimiento de los demás podría llegar con mucha lentitud, no se desanime. Continúe esforzándose. Al final triunfará.

Mientras progresa en este viaje diario, utilice este libro para hacer que su actitud y sus perspectivas arranquen. Léalo completo en uno o dos días. Luego colóquelo en su mesita de noche, en su auto o en su portafolios. Cuando tenga un momento, hojéelo para recordar lo que significa alcanzar el éxito.

¡Este será un viaje increíble! Algunas veces experimentará emoción; en otros momentos, solo la disciplina hará que alcance su meta. Pero recuerde: el éxito está esperando que usted dé el primer paso. Empecemos.

JOHN C. MAXWELL

PRIMAVERA 2000

Oir no es nada de oir a dios si
no creer y obedecer. Comienza a es
temblor fruto de mis labios. Cómo un
cristiano ser ser religioso es un esfuerzo
humano para acercarse de dios. Cristo
no vino a hablar de la religión, sino
darnos la vida y su abundancia ahora
actúa diferente. Mediante la fe en el po
der de dios. Conviertelo en una oración
a dios puede ser un proveer. por eso lo
mío su Jehova. En su queja - dele
una fuerza de gratitud donde está el es
píritu del ser está la libertad alaba al
Señor y el gran soy yo, yo quise que tu ordenes
o gobiernes mi vida, me doy en sacrificio
a ti

LA LLAVE PARA EL ÉXITO

Muchas personas que vinieron antes que usted buscaron el éxito y nunca lo encontraron. Pensaron que era el Santo Grial o la Fuente de la Juventud; es decir, algo que podía conseguirse al final de una larga búsqueda. Algunos creyeron que era una relación que debía ganarse. Otros supusieron que era una posición que debía tenerse o un objeto que se debía poseer.

Pero el éxito no es nada de eso. No es un destino al que puede llegar. Es un proceso, un viaje que debe tomar. Y usted lo hace día a día.

A la mayoría de las personas les lleva algún tiempo descubrir para qué las creó Dios. Si está dispuesto, usted puede explorar el mundo y aprender cada día más sobre su propósito. Puede involucrarse en actividades que le ayuden a crecer mental, corporal o espiritualmente. Y puede hacer algunas cosas — grandes o pequeñas— que ayuden a otros.

Éxito es conocer su propósito en la vida, sembrar semillas que beneficien a otros y alcanzar su máximo potencial.

La puerta de su potencial espera por usted. La clave es mantenerse en el viaje. Hacerlo día tras día. Si lo logra hoy entonces usted es exitoso. Y mañana también lo será.

SUEÑE
[TODOS LOS DÍAS]

Detrás de mí hay poder inagotable.

Ante mí hay posibilidades infinitas.

Alrededor de mí hay oportunidades sin límites.

¿Por qué he de temer?

— STELLA STUART

ALIMENTE A SUS «HIJOS»

¿Cuida usted a sus «hijos»? Quizás nunca ha pensado en sus sueños como hijos, pero es lo que son. Ellos son sus vástagos: el gozo de su presente y la esperanza de su futuro. Protéjalos. Nútralos. Anímelos a crecer. Cuídelos. Algún día ellos lo cuidarán a usted.

Valore sus visiones

y sueños porque son los

hijos de su alma;

los planos de sus logros

más importantes.

— NAPOLEON HILL

Valores sus visiones y sueños porque son los hijos de su Alma; Los planos de sus logros mas importantes.

N. Hill

SE BUSCAN: ¡PERSONAS!

sted solo no puede lograr el éxito. Necesitará la ayuda de otros y tendrá que ayudar a otros. Y esto exige se relacione con la gente. Para hacerlo, siga estas sugerencias:

- Enfóquese en las personas.
- Sea agradable.
- Muestre a los demás que usted se preocupa por ellos.
- Recuerde el nombre de cada persona.
- Camine lentamente a través de la multitud.
- Sea generoso.

Enfoquese en las personas
Sea Agradable
Muestra a los demás que Ud.
se preocupa por ellos
Recuerde el nombre de cada
persona
Camine lenta mente atras-
ij de la multitud.
Sea Generoso.

SIETE SECRETOS DEL ÉXITO

No existe un secreto para el éxito.
El éxito es para todos.

Su vida mejora solo cuando
usted mejora.

No hay éxito sin sacrificio.

El éxito se obtiene en centímetros,
no en kilómetros.

El peor enemigo del éxito futuro
es el éxito presente.

Ningún consejo sobre el éxito funciona a menos que lo siga.

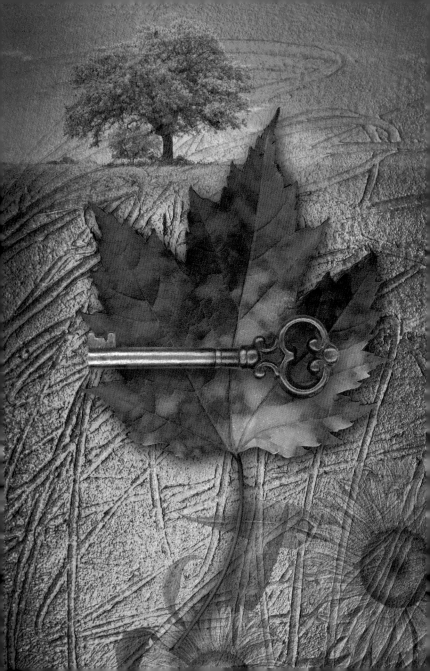

LECCIÓN DE UN AGRICULTOR

n joven citadino obtuvo un título de periodista en la universidad y consiguió trabajo en el periódico de un pueblo pequeño. Una de sus primeras asignaciones fue entrevistar a un viejo agricultor que vivía a treinta y dos kilómetros del pueblo. Cuando se sentó en el porche con el hombre canoso, el joven periodista miró su libreta y comenzó su interrogatorio. Una de sus primeras preguntas fue: «Señor, ¿a qué hora empieza a trabajar en la mañana?»

El viejo agricultor se rió entre dientes y replicó: «Hijo, yo no empiezo a trabajar. El trabajo me rodea».

Podemos aprender una lección del viejo agricultor. Las oportunidades se parecen mucho al trabajo de este hombre. Están por todas partes, pero el problema es que a menudo no tenemos ojos para verlas.

Mire a su alrededor cuando inicia cada día. Manténgase alerta. Si no ve oportunidades, recuerde que no es porque no estén allí. Éstas siempre le rodean. Solo necesita abrir los ojos y verlas. Luego actúe de acuerdo con ellas.

¡SE BUSCA!

Más gente para *mejorar* y menos que *desaprueben*.

Más gente para *actuar* y menos que *hablen*.

Más gente para decir: *se puede hacer*
y menos que digan: *es imposible*.

Más gente para *inspirar* a otros
y menos que *decepcionen*.

Más gente para ir *donde está la acción*
y menos que *se sienten a esperar*.

Más gente para señalar l*o que está bien*
y menos que muestren *lo que está mal*.

Más gente para *encender una luz*
y menos que *maldigan la oscuridad*.

— AUTOR DESCONOCIDO

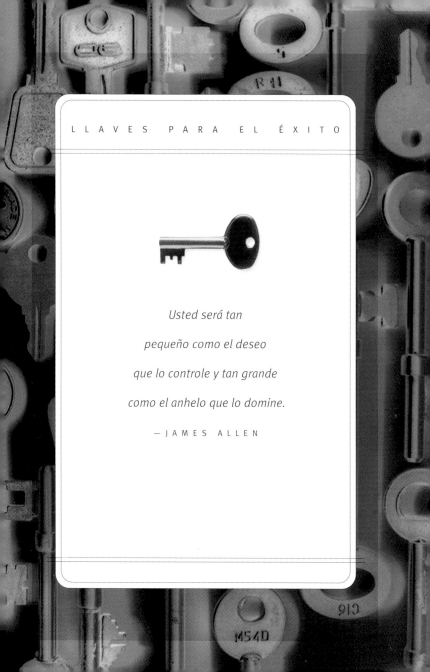

Usted será tan

pequeño como el deseo

que lo controle y tan grande

como el anhelo que lo domine.

— JAMES ALLEN

DESCUBRA SU VISIÓN

no de los soñadores más grandiosos del siglo XX fue
Walt Disney. Una persona capaz de crear la primera
tirilla cómica con sonido, la primera historieta a todo
color y la primera película animada de largometraje es
definitivamente alguien con visión. Sin embargo, las obras
maestras de la visión de Disney fueron Disneylandia y Walt
Disney World. Y la chispa para esa visión llegó de un lugar
inesperado.

Cuando las dos hijas de Walt eran niñas, él solía llevarlas los
sábados por la mañana a un parque de diversiones cerca de Los
Ángeles, California. A sus hijas les encantaba y a él también. Los
parques de diversiones son un paraíso para los niños y una
atmósfera maravillosa: el aroma de las rosetas de maíz y el
algodón de azúcar, los colores chillones de los avisos luminosos
que promueven las atracciones y el sonido de niños gritando
cuando la montaña rusa va en picada.

A Walt le cautivaba especialmente el carrusel. Al acercarse
vio una imagen borrosa de figuras brillantes que daban vueltas
al ritmo de la enérgica música de un órgano. Sin embargo,
cuando se acercó más y el carrusel se detuvo, se percató que

sus ojos lo habían engañado. Vio muchos caballos desgastados con la pintura agrietada y desprendida. También notó que solo los caballos de la fila exterior subían y bajaban. Los demás se mantenían inertes, sujetos al suelo.

La desilusión del caricaturista lo inspiró con una gran visión. Con su ojo mental veía un parque de diversiones donde la ilusión no se evaporaba, donde niños y adultos podían disfrutar de una atmósfera de carnaval sin el lado sórdido que acompaña a algunos circos o ferias ambulantes. Su sueño se convirtió en Disneylandia. Larry Taylor declaró en Be an Orange [Sea una naranja] que la visión de Disney podía resumirse en: «Nada de pintura agrietada. Todos los caballos saltan». La visión nunca fue un problema para Disney. Debido a su creatividad y deseo de excelencia siempre vio que lo podía lograr.

Si le falta visión, busque dentro de usted. Haga aflorar sus dones y anhelos naturales. Siga su llamado, si es que tiene uno. Si aún no siente una visión propia, entonces considere asociarse con un líder cuya visión sea importante para usted.

TOMADO DE *Las 21 cualidades indispensables de un líder*

Un Paso Mas Allá

Haga más que existir: viva.

Haga más que tocar: sienta.

Haga más que mirar: observe.

Haga más que leer: asimile.

Haga más que oír: escuche.

Haga más que escuchar: comprenda.

Haga más que pensar: reflexione.

Haga más que solo hablar: diga algo.

— AUTOR DESCONOCIDO

LA RECETA DEL ÉXITO
DE LA SEÑORA FIELDS

Ame lo que está haciendo.

Crea en su producto.

Seleccione buenas personas.

— DEBBI FIELDS

A las personas que se han rendido

las controlan sus más tristes errores, sus peores fracasos

y sus más profundos lamentos. Si quiere triunfar,

entonces permita que lo controlen sus mejores pensamientos,

su entusiasmo más elevado, su más grandioso optimismo

y sus experiencias más triunfantes.

— JOHN C. MAXWELL

Es Más Fácil

Es más fácil conformarse con la mediocridad
que luchar por el éxito.

Es más fácil saturarse de satisfacción personal
que moverse por misericordia.

Es más fácil ser escéptico
que triunfador.

Es más fácil dudar
que conquistar.

Es más fácil racionalizar sus desilusiones
que comprender sus sueños.

Es más fácil decir tonterías
que obtener resultados.

— AUTOR DESCONOCIDO

Las oportunidades y la motivación están conectadas. Los personas motivadas ven oportunidades, y con frecuencia son las oportunidades las que motivan a las personas.

Las grandes actitudes preceden a las grandes oportunidades. Lo que usted es determina lo que ve.

Hoy es el mejor día para una oportunidad. La oportunidad siempre toma un «ahora» como respuesta.

Las oportunidades son el resultado del valor, no de la suerte. Las personas que triunfan buscan oportunidades, y si no las encuentran, las crean.

Las oportunidades no se presentan por sí mismas en circunstancias ideales. Si espera a que todos los semáforos estén verde, nunca saldrá de la casa.

La oportunidad sin compromiso se pierde. Las oportunidades abandonadas nunca se pierden, simplemente las siguió la competencia.

La oportunidad nace de los problemas. Si está buscando una GRAN oportunidad, encuentre un GRAN problema.

Las oportunidades se multiplican o desaparecen. Mientras más oportunidades busque, más encontrará detrás de ellas.

Las oportunidades deben alimentarse para que sobrevivan. Como dice Peter Drucker, el padre de la administración moderna: «Alimente una oportunidad y matará de hambre a un problema».

Se tiene éxito al hacer algo común

de una forma extraordinaria.

— H E N R Y   J O H N   H E I N Z

Reír frecuentemente y a carcajadas;

ganar el respeto de personas inteligentes

y el afecto de los niños;

merecer el reconocimiento de críticos sinceros

y soportar la traición de los falsos amigos;

apreciar la belleza, descubrir lo mejor en otros,

hacer del mundo un lugar un poco mejor,

sea por un niño sano, un jardín

o una condición social redimida;

saber que una vida ha respirado con más facilidad

porque usted vivió.

Esto significa que ha triunfado.

— RALPH WALDO EMERSON

Fui un muchacho que practicaba hasta que las ampollas sangraban, y entonces practicaba un poco más. Cuando era niño llevaba mi bate conmigo a clases. Le hacía a un amigo la ruta de repartir periódicos con tal de que fuera a buscar las pelotas que yo bateaba. Cuando jugué para San Diego, le pagaba a los chicos en mis días libres para que buscaran las pelotas que yo bateaba.

— TED WILLIAMS,
EL MEJOR BATEADOR DE
TODOS LOS TIEMPOS

Piense en «mañana».

Trabaje para que los esfuerzos de hoy rindan beneficios mañana.

Libere la imaginación.

Usted es capaz de hacer más de lo que puede imaginar...

de modo que imagine al máximo.

Luche por calidad duradera.

«Bastante bien» no es suficiente.

Persevere hasta el fin.

Nunca, nunca, nunca se rinda.

Diviértase.

Usted no es realmente un triunfador hasta

que *disfrute* lo que está haciendo.

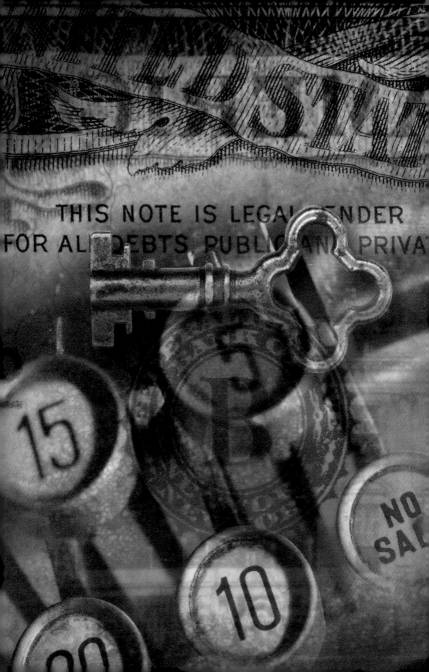

TAL COMO LO
RECETÓ EL DOCTOR

Un joven empresario en Gilmer, Texas, abrió una franquicia de comida rápida con dos socios. En su primera semana de operación oyó por casualidad a dos ancianas en el restaurante que hablaban de su desilusión por el surtido de refrescos. A una de ellas, que era diabética, le hubiera gustado que tuvieran Dr. Pepper de dieta.

El empresario se subió al auto y manejó hasta la tienda más cercana, compró un paquete de seis unidades de Dr. Pepper de dieta y regresó a su restaurante. Entonces le llevó a la dama un vaso con hielo y una lata del refresco.

—Señora —dijo el joven—, siempre habrá en el refrigerador una caja de Dr. Pepper de dieta con su nombre en ella. Cada vez que venga, solo dígale a la cajera quién es usted y que quiere una Dr. Pepper de dieta y se la traerán.

La mujer estaba asombrada.

—Joven —dijo—, he vivido en esta ciudad toda mi vida. Tengo muchos amigos influyentes y le diré a todos ellos lo que usted acaba de hacer por mí. Gracias. De ahora en adelante seremos clientes regulares.

Y la dama cumplió su palabra.

EL GENERAL MÁS GRANDE

Un hombre murió y se encontró con San Pedro en

las puertas del cielo. Como sabía de la sabiduría

y el conocimiento del santo, quiso hacerle una pregunta:

—San Pedro —le dijo—, me ha interesado la historia militar por

muchos años. Dígame, ¿quién fue el general

más grande de todos los tiempos?

—Ah —respondió Pedro rápidamente—,

esa es una pregunta sencilla.

Es ese individuo que está allí.

El hombre miró hacia donde Pedro señalaba.

—Debe haber un error —contestó—.

Conocí a ese hombre en la tierra

y era solo un trabajador común.

—Así es —comentó Pedro—,

pero habría sido el general más grande

de todos los tiempos... si hubiera sido un general.

— M A R K   T W A I N

TODO LO QUE PUEDA

Haga todo el bien que pueda,

Por todos los medios que pueda,

En todas las maneras que pueda,

En todos los lugares que pueda,

Todas las veces que pueda,

A todas las personas que pueda,

Por tanto tiempo como pueda.

— JOHN WESLEY

Es su deber encontrarse a usted mismo.

— JOHN C. MAXWELL

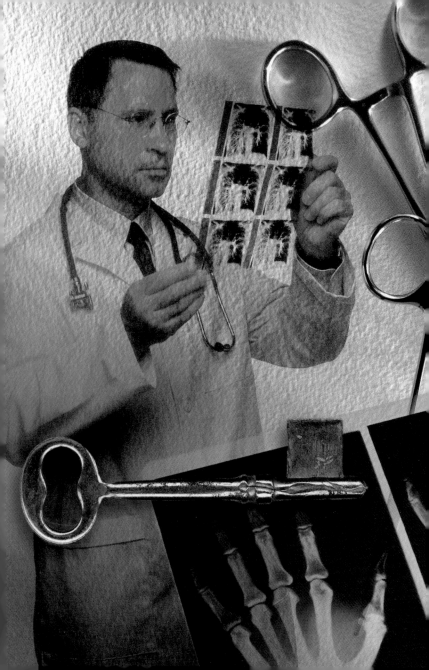

NUNCA ES DEMASIADO TARDE

Roberto Lopatin pensó que era demasiado tarde. Cuando niño había soñado con convertirse en médico, pero cuando fue a la universidad renunció a la idea. En vez de eso entró al negocio familiar de fabricar ropa femenina. ¡Estuvo en él por veintisiete años! Entonces Lopatin y su padre vendieron el negocio. Si quería, podía jubilarse.

Pero entonces, en la boda de un amigo, Roberto se sentó junto a un joven que recién había terminado sus estudios en medicina. Al platicar con el nuevo doctor pensó en su sueño de la infancia. Y a los cincuenta y un años Roberto Lopatin decidió convertirse en médico.

Hoy día Roberto tiene cincuenta y cinco años. Se graduó en la Universidad de Medicina Albert Einstein y está haciendo su año de residencia en el Centro Médico Montefiore en Bronx, Nueva York. Y lo está disfrutando... aun las cien horas semanales de trabajo y los turnos nocturnos.

«Me siento como si hubiera muerto y nacido de nuevo», dice.

Quizás en su corazón tenga un sueño que piensa que es demasiado viejo para alcanzarlo. Tal vez alguien le dijo que es demasiado tarde para hacer lo que desea. Pero no es así. El escritor Joseph Conrad publicó su primera novela a los cuarenta años. Roberto Lopatin tendrá casi sesenta cuando empiece a practicar la medicina como un médico con todas las de la ley. La artista Grandma Moses comenzó a pintar a los setenta y cinco años de edad y aún así tuvo una carrera de veintiséis años. Persiga su sueño, no importa lo inalcanzable que pueda parecer.

EJERCICIO PARA EL ÉXITO

iense en la búsqueda de su sueño como si fuera un evento atlético importante. Entrénese para él. Mientras se prepara y se «ejercita», se hará más fuerte... mental, física y espiritualmente. Debe mantenerse mejorando para alcanzar sueño exitosamente. La mejor manera de hacerlo es...

- Mantener su cuerpo en forma.
- Mantener su corazón flexible.
- Mantener su mente receptiva.
- Mantener su zona de comodidad expandiéndose.

Todo el mundo puede ser grandioso...

porque cualquiera puede servir. Para servir no se

necesita un título universitario.

Para servir no se necesita un sujeto y un verbo

que estén de acuerdo. Lo único que necesita es un corazón

lleno de gracia. Un alma que se mueva por amor.

— MARTIN LUTHER KING JR.

Todos los sentimientos hermosos

en el mundo pesan menos

que un sencillo acto de amor.

— JAMES RUSSELL LOWELL

LLAVES PARA EL ÉXITO

Quien teme hacer

demasiado siempre hace

demasiado poco.

— PROVERBIO ALEMÁN

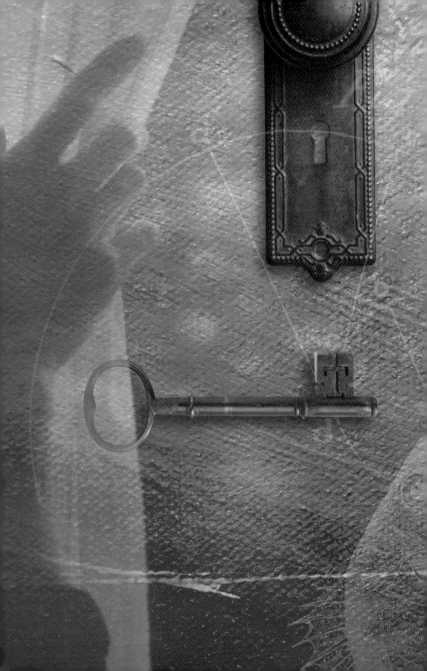

PERSEVERE
[TODOS LOS DÍAS]

Nunca se rinda,
porque ese es exactamente el lugar y el tiempo
en el que cambiará la marea.

— HARRIET BEECHER STOW

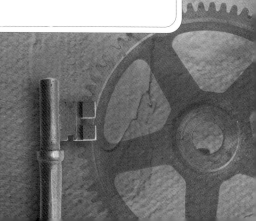

HÁGASE UN FAVOR

n hombre joven y hambriento se sentó deprimido en un puente a observar a un grupo de pescadores. Miró dentro de una cesta que había cerca, vio algunos pescados y dijo:

—A la verdad que si tuviera un montón de pescados como ese estaría en mejores condiciones. Los vendería y compraría ropa y algo para comer.

—Te daré todos esos peces si me haces un favor—replicó un pescador.

—Está bien.

—Atiende este sedal por mí por un rato. Tengo algunos recados que hacer en el pueblo —dijo el hombre más viejo.

El joven aceptó gustosamente el ofrecimiento. Mientras cuidaba la caña del hombre, los peces realmente estaban picando y él sacaba un pez tras otro. No pasó mucho tiempo antes que el joven estuviera sonriendo y disfrutando la actividad.

Entonces regresó el hombre mayor.

—Quiero darte los pescados que te prometí. Toma, todos los peces que atrapaste son tuyos, pero también quiero darte un consejo. La próxima vez que tengas necesidad, no pierdas tiempo soñando y anhelando lo que podría ser. Empieza a trabajar, tira el sedal por ti mismo y haz que algo suceda.

¿UNA ESPINA EN SU COSTADO?

Cuando usted descubre su propósito en la vida y persigue sus sueños, inevitablemente pasará más y más de su tiempo haciendo lo que disfruta y hace mejor. Eso es bueno. Solo podrá lograr sus sueños si se enfoca en sus prioridades.

Sin embargo, el éxito requiere algo más: disciplina. Una de las mejores maneras que conozco de mejorar la disciplina es hacer cada día algo que no le gusta hacer. Si aprende a hacer lo que debe, podrá hacer lo que quiere.

Haga todos los días algo que

deteste hacer, solo por la práctica.

— JOHN C. MAXWELL

LLAVES PARA EL ÉXITO

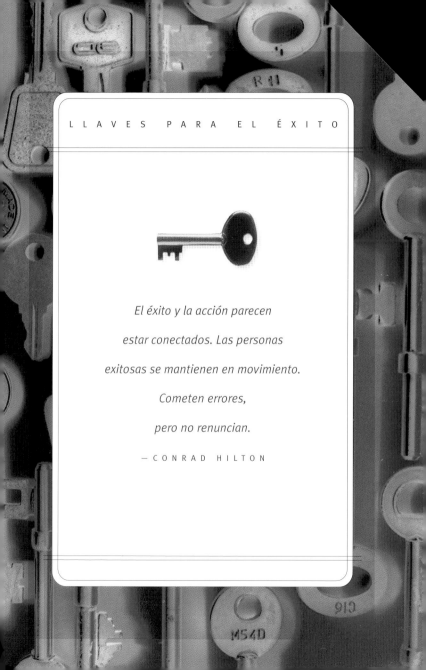

El éxito y la acción parecen

estar conectados. Las personas

exitosas se mantienen en movimiento.

Cometen errores,

pero no renuncian.

— CONRAD HILTON

El éxito es ir de

fracaso en fracaso sin

perder el entusiasmo.

— ABRAHAM LINCOLN

Si sigue haciendo

lo que siempre ha hecho,

obtendrá lo mismo de siempre.

— JOHN C. MAXWELL

EL TALENTO SE SOBREESTIMA

 l Dr. Benjamin Bloom de la Universidad de Chicago realizó un estudio de cinco años sobre artistas, atletas y eruditos que consistía en entrevistas anónimas a los veinte máximos representantes en varios campos: pianistas, nadadores olímpicos, jugadores de tenis, escultores, matemáticos y neurólogos. Entrevistas adicionales con los familiares y maestros de esas personas complementaron la información. Bloom y su equipo de investigadores esperaban descubrir claves sobre cómo se desarrollaron estos grandes triunfadores. Descubrieron que el dinamismo y la determinación —y no el talento— los llevaron al éxito.

CERO ATAJOS

William Danforth, quien se convirtió en el propietario de la enorme Compañía Ralston Purina, aprendió de joven una lección acerca del éxito. Estas son sus palabras: «Cuando tenía dieciséis años fui a St. Louis para asistir al Instituto de Entrenamiento, que estaba a kilómetro y medio de la casa donde me hospedaba. Un profesor que vivía cerca, y yo, salíamos hacia el instituto al mismo tiempo todas las mañanas. Sin embargo, él siempre llegaba primero. Aun en aquel tiempo no quería que nadie me ganara, por lo que tomé todos los atajos. Entonces descubrí cómo lo hacía. Cuando llegaba a todos los cruces de calles salía corriendo hasta la otra acera. Lo que lo ponía delante de mí era exactamente "ese pequeño extra"».

No existen atajos a ningún

lugar al que valga la pena ir.

— B E V E R L Y   S I L L S

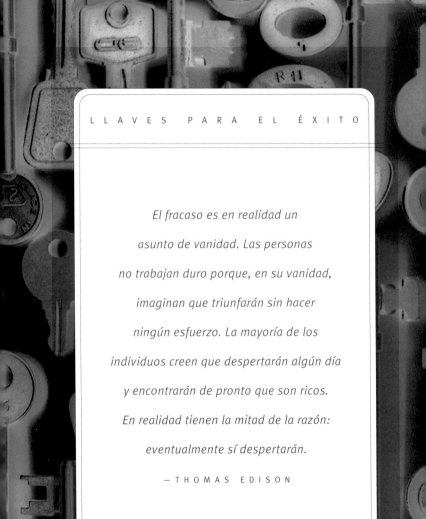

LLAVES PARA EL ÉXITO

El fracaso es en realidad un

asunto de vanidad. Las personas

no trabajan duro porque, en su vanidad,

imaginan que triunfarán sin hacer

ningún esfuerzo. La mayoría de los

individuos creen que despertarán algún día

y encontrarán de pronto que son ricos.

En realidad tienen la mitad de la razón:

eventualmente sí despertarán.

—THOMAS EDISON

MUCHAS IDEAS

a revista Life lo nombró el personaje número uno del milenio. La cantidad de cosas que inventó es asombrosa: 1093. Registró más patentes que cualquier otra persona en el mundo, habiéndosele concedido al menos una cada año durante sesenta y cinco años consecutivos. Su nombre era Thomas Edison.

Mucha gente atribuye la capacidad de Edison a su genio creativo. Él la atribuía al arduo trabajo. El inventor declaró: «Genialidad es 99% de transpiración y 1% de inspiración». Creo que su éxito fue el resultado de una tercera característica: su actitud positiva.

Edison era un optimista que veía lo mejor en todo. En una ocasión dijo: «Si hiciéramos todas las cosas que podemos hacer, prácticamente nos quedaríamos estupefactos». Cuando necesitó diez mil intentos para descubrir los materiales adecuados para la bombilla de luz incandescente, no los vio como fracasos. Con cada uno descubrió lo que no funcionaba y por ello se acercaba más a una solución. Nunca dudó que uno de ellos resultaría bueno. Su creencia se puede resumir en esta declaración: «Muchos de los fracasos de la vida le ocurrieron a las personas que no se dieron cuenta cuán cerca estaban del éxito cuando se rindieron».

Quizás la muestra más notable de la actitud positiva de Edison puede verse en la manera en que enfocó una tragedia que ocurrió cuando se aproximaba a los setenta años. El laboratorio que había construido en West Orange, New Jersey, era famoso en todo el mundo. Él llamaba fábrica de inventos al complejo edificio de catorce pisos. La edificación principal era inmensa: su tamaño era más grande que tres campos de fútbol juntos. Desde esta base de operaciones él y su personal concebían inventos, desarrollaban prototipos, manufacturaban productos y los enviaban a los clientes. Esta «fábrica» se convirtió en un modelo para la investigación y manufactura moderna.

Edison amaba el lugar... pero un día de diciembre de 1914 se incendió su amado laboratorio. Se dice que mientras miraba cómo se incendiaba desde afuera dijo: «Chicos, busquen a su madre. Ella nunca verá otro incendio como éste».

La mayoría de las personas se habrían abatido. Edison no. Después de la tragedia dijo: «Tengo sesenta y siete años pero no soy demasiado viejo para empezar de nuevo. He pasado por muchas cosas como esta». Reconstruyó el laboratorio y estuvo trabajando otros diecisiete años. En una ocasión comentó: «Tengo muchas ideas, pero poco tiempo. Tan solo espero llegar a vivir cien años». Murió a los ochenta y cuatro años.

Si Edison no hubiera sido una persona tan positiva no habría tenido tanto éxito como inventor. Si usted estudia las vidas de personas que tienen éxito perdurable en cualquier profesión, descubrirá que casi siempre poseen una actitud positiva en la vida.

TOMADO DE *LAS 21 CUALIDADES INDISPENSABLES DE UN LÍDER*

No hay derrota

excepto cuando se deja de intentar.

No hay derrota sino en el interior,

ni barrera realmente insuperable,

salvo en nuestra inherente debilidad

de propósito.

ELBERT HUBBARD

LAS SEIS FASES DE
UN PROYECTO

FASE UNO:

ENTUSIASMO

FASE DOS:

DESILUSIÓN

FASE TRES:

PÁNICO

FASE QUATRO:

LA BÚSQUEDA DEL CULPABLE

FASE CINCO:

EL CASTIGO DEL INOCENTE

FASE SEIS:

ALABANZA Y AGRADECIMIENTO
A QUIENES NO PARTICIPARON

— FUENTE DESCONOCIDA

El éxito no se mide por

lo que un hombre logra sino por

la oposición que ha enfrentado y

por el valor con que se ha

mantenido luchando contra

los abrumadores contratiempos.

— CHARLES LINDBERGH

EL CAMINO A LA CIMA

Mi amigo Zig Ziglar me contó que una vez visitó el monumento a Washington en un viaje a la capital de los Estados Unidos. Al llegar con algunos amigos, oyó que un guía anunciaba: «Damas y caballeros, en este momento el tiempo de espera para entrar al elevador que va a la cima del monumento es de dos horas». Luego el guía hizo una pequeña pausa, sonrió y agregó: «Sin embargo, usted no tiene que esperar si desea tomar las escaleras».

La historia de Zig revela algo acerca del éxito. En realidad no hay ascensores hacia la cima. Si usted quiere llegar allá debe dar una larga secuencia de pasos. La cantidad de pasos que esté dispuesto a dar —y por cuánto tiempo esté dispuesto a mantenerse subiendo— determina cuán alto llegará.

Soy un gran creyente en la suerte

y descubro que mientras más duro trabajo,

más tengo de ella..

— S T E P H E N   L E A C O C K

¡GENIO!

Una vez un crítico llamó genio a

Sarasate, el más grande violinista

español del siglo XIX. Como respuesta,

Sarasate declaró: «¿Genio? Por treinta y siete

años he practicado catorce horas

diarias y ahora me llaman genio».

— JOHN C. MAXWELL

Usted puede convertirse en la estrella de la hora

si hace que los minutos cuenten.

— ANÓNIMO

Todo logro digno de mérito tiene

adherida una etiqueta de precio.

La pregunta es siempre si para lograrlo

está dispuesto a pagar el precio...

en esfuerzo, sacrificio, paciencia,

fe y resistencia.

— J O H N   C .   M A X W E L L

Quizás dentro de un año desee

haber comenzado hoy.

— K A R E N   L A M B

Napoleón escribió que venció a los austríacos porque no conocían el valor de cinco minutos.

A Lincoln le tomó menos de cinco minutos pronunciar su famoso discurso de Gettysburg. A William Jennings Bryan le tomó menos de cinco minutos electrificar una gran convención política con solo una expresión que le dio la nominación para la presidencia de los Estados Unidos.

— GEORGE MATTHEW ADAMS

Cuidado con

lo improductivo de una

vida sobrecargada.

— ANÓNIMO

Con perseverancia

el caracol llegó al arca.

— CHARLES SPURGEON

El éxito se parece un poco a pelear con un gorila.

Usted no se rinde cuando está cansado...

se rinde cuando el gorila está

— ROBERT STRAUSS

Se necesitan veinte años para

tener éxito de la noche a la mañana.

— EDDIE CANTOR

La Llamaron Suerte

Trabajaba de día y en
la noche descanso no tenía.

Renunció al juego
y al mucho deleite luego.

Libros aburridos leyó
y nuevas cosas aprendió.

Posiciones escaló
y el éxito le llegó.

Fatigoso era su caminar
pero la fe y el valor lo hacían andar.

Cuando al fin pudo triunfar
La llamaron suerte sin par.

— AUTOR DESCONOCIDO

Gane la Batalla Diaria

Las personas que logran el éxito día a día han aprendido a
dominar cuatro pérdidas de tiempo muy comunes.

Pereza:

Tiempo gastado sin propósito útil, ni siquiera de descanso.

Falta de decisión:

Dejar de hacer cosas que se deben hacer ahora.

Distracción:

Malgastar el tiempo en detalles secundarios
en detrimento del asunto central.

Impaciencia:

Falta de preparación, meticulosidad y perseverancia
que por lo general dan como resultado
equivocaciones que quitan tiempo.

Hágalo Hoy

Haga lo correcto;

Hágalo hoy;

Hágalo sin esperanza de pago ni promesas de recompensa;

Hágalo con una sonrisa y una actitud alegre;

Hágalo día tras día tras día.

Hágalo, y algún día,

Llegará el día

En que habrá un pago

Por todos los ayeres

Que pasó enfocado en el día actual:

Eso no solo le dará valor al día de hoy,

Sino que hará que todo día futuro

Eclipse a todos los ayeres.

¿Y qué más puede pedir de un día?

UNA LECCIÓN MUY VALIOSA

John Erskine aprendió la lección más valiosa de su vida cuando tenía solo catorce años. Su profesora de piano le preguntó: «¿Cuántas veces al día practicas y por cuánto tiempo lo haces?»

John le dijo que intentaba practicar una vez al día durante una hora o más.

«No hagas eso —le respondió ella—. Cuando crezcas, el tiempo no llegará en tramos tan largos. Practica en minutos, siempre que los puedas encontrar: cinco o diez antes del colegio, después de almorzar, entre una y otra tarea. Extiende tus prácticas durante todo el día y la música se volverá parte de tu vida».

Es obvio que el consejo de la profesora funcionó. Erskine se convirtió en un pianista de concierto que tocó con la Filarmónica de Nueva York y más tarde fue presidente del Instituto de Música Juilliard y director de la Asociación Metropolitana de Ópera. También enseñó literatura en la Universidad de Columbia y escribió más de cuarenta y cinco libros. Escribió su obra más famosa, La vida privada de Helena de Troya, mientras viajaba de su casa a la Universidad de Columbia.

Plan «P» del Éxito

Planifique con propósito.

Prepárese en oración.

Proceda de modo positivo.

Persiga con persistencia..

— AUTOR DESCONOCIDO

El éxito es 99% fracaso.

— SOICHIRO HONDA

Es tan simple que es revolucionario. En realidad esta fórmula o principio se malinterpreta, o se pasa tanto por alto, que quienes la comprenden verdaderamente la pueden llamar mágica. ¿Listo? Aquí está. Usted sobrepasa al 50% de los estadounidenses trabajando duro. Sobrepasa a otro 40% siendo una persona honrada, íntegra y que valora algo. El último 10% es una pelea de perros en el sistema de libre empresa.

— ART WILLIAMS

Éxito es el resultado que obtiene alguien que decide triunfar...

y se esfuerza.

Fracaso es el resultado que obtiene alguien que decide triunfar...

y solo lo desea.

Un fracaso bien definido le occurre a alguien que no decidió...

y esperó.

— WILLIAM A. WARD

Es mucho mejor atreverse a cosas grandes

para obtener triunfos gloriosos,

aunque con altibajos y fracasos,

que ponerse a la par de aquellos pobres espíritus que

ni disfrutan mucho ni sufren mucho porque

viven en la gris penumbra que no conoce

la victoria ni la derrota.

— TEODORO ROOSEVELT

¿Cómo se Deletrea Triunfo?

Trace su meta.

Reconozca su potencial personal.

Idee su plan con el que pueda comprometerse.

Ubique su curso de acción.

No olvide que habrá problemas.

Fundamente con firmeza su compromiso.

Ordene todo de acuerdo a la voluntad de Dios.

CREZCA

[TODOS LOS DÍAS]

*Para crecer deje de hacer lo que ha
estado haciendo por demasiado tiempo.*

— J O H N   C .   M A X W E L L

El éxito nunca es definitivo.

— WINSTON CHURCHILL

Nadie ha hecho un

impacto significativo después

de ganar el Premio Nóbel.

— PETER DRUCKER

CAMBIE EL MUNDO

 as siguientes palabras están inscritas en la tumba de un obispo anglicano en Westminster Abby (1100 d.C.):

Cuando era joven y libre y mi imaginación no tenía límites, soñaba con cambiar el mundo. Al crecer y ganar más conocimiento descubrí que el mundo no cambiaría, por tanto acorté un poco mi visión y decidí cambiar tan solo a mi país.

Pero mi nación también parecía inamovible.

Al entrar en el crepúsculo de mi vida, en un último intento desesperado, me conformé con cambiar a mi familia, aquellos que estaban más cerca de mí, pero ¡ay!, no cambiaron nada.

Y ahora, acostado en mi lecho de muerte, de pronto comprendí: Si tan solo hubiera cambiado yo primero entonces mi ejemplo habría cambiado a mi familia.

Con la inspiración y ánimo de mi familia entonces hubiera sido capaz de mejorar mi nación y, quien sabe, quizás hasta hubiera podido cambiar al mundo.

¿EN QUÉ DIRECCIÓN SE DIRIGE?

Cuando de trabajo se trata, las personas siempre tienen dos tendencias que se oponen:

La primera es el impulso de tener. Éste las lleva a enfocarse en lo que pueden obtener de sus trabajos: un mejor salario, una oficina más grande, mejor statu quo o una mejor posición.

La segunda es el deseo de ser. Éste lleva a las personas a pensar en lo que pueden dar a sus organizaciones: lo mejor de sí mismas para asegurar el éxito de todos.

FÓRMULA PARA EL ÉXITO

Instrucción + Ejemplo x Experiencia = Éxito

LLAVES PARA EL ÉXITO

Sin descanso,

un hombre no puede trabajar.

Si no trabaja,

el descanso no le da

ningún beneficio.

— PROVERBIO ABKHASIANO

EL VERDADERO ÉXITO

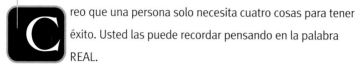reo que una persona solo necesita cuatro cosas para tener éxito. Usted las puede recordar pensando en la palabra REAL.

Relaciones: La capacidad más importante que se necesita para el éxito es la habilidad de llevarse bien con otras personas. Esto influye en todo aspecto de la vida de un individuo. Sus relaciones le ayudan o le arruinan.

Equipo: Una de las lecciones más grandes que he aprendido en la vida es que quienes están más cerca de usted determinan el nivel de su éxito. Si sus sueños son extraordinarios solo podrá alcanzarlos si consigue un equipo.

Actitud: Las actitudes determinan cómo la gente enfrenta la vida de día en día. Su actitud, más que su aptitud, determinará su altitud.

Liderazgo: Todo se resume en la palabra liderazgo. Si desea «destapar» su eficacia personal, la única manera de hacerlo es incrementando sus habilidades de liderazgo.

Si se dedica a crecer en estas cuatro áreas, entonces no importa la clase de trabajo que haga. Se convertirá en un triunfador.

TOMADO DE *EL LADO POSITIVO DEL FRACASO*

El éxito es despertar
en la mañana, quienquiera que sea,
dondequiera que se encuentre,
sea joven o viejo,
y saltar de la cama porque
hay algo allá afuera que a
usted le encanta hacer, en lo que cree,
en lo que es bueno...
algo que es más grande que usted
y que difícilmente puede esperar
para hacerlo otra vez hoy.

— WHIT HOBBS

Diez

Hay grandeza a tu alrededor escala, la grandeza nos rodea es fácil ser grande porque grandes personas te ayudaran.

1. Ca[...]
la prime[...] de
éxito po[...]   y
más au[...]

2. Ca[...]
facilida[...]
positiv[...]

3. **Cambie utilidad económica por potencial futuro.** La tentación es casi siempre ir tras los «billetes grandes», pero si se busca desarrollar un mayor potencial casi siempre esto le llevará a una recompensa mayor... incluso económica.

4. **Cambie el placer inmediato por el crecimiento personal.** Un roble tarda tres décadas en crecer pero una calabaza crece en solo algunas semanas. ¿Cuál quisiera ser usted?

5. **Cambie exploración por enfoque.** Mientras más joven sea, más necesitará experimentar, pero una vez que descubra para qué fue creado, manténgase ahí.

6. **Cambie cantidad de vida por calidad de vida.** Su vida no es un ensayo general. Dé lo mejor de sí porque no tendrá otra oportunidad.

7. **Cambie seguridad por significado.** Los grandes hombres y mujeres de la historia no fueron grandes por lo que tuvieron o ganaron, sino porque dieron sus vidas para lograr su grandeza.

8. **Cambie aceptable por excelente.** Si algo es digno de hacerse, dé lo mejor de sí o no mejor no haga nada.

9. **Cambie suma por multiplicación.** Cuando usted invierte en otros multiplica sus esfuerzos: toda persona a la que ayuda se convierte en un compañero de trabajo.

10. **Cambie su trabajo para Dios por un caminar con Dios.** No importa cuánto valore usted su trabajo, nada puede compararse a una relación con su Creador.

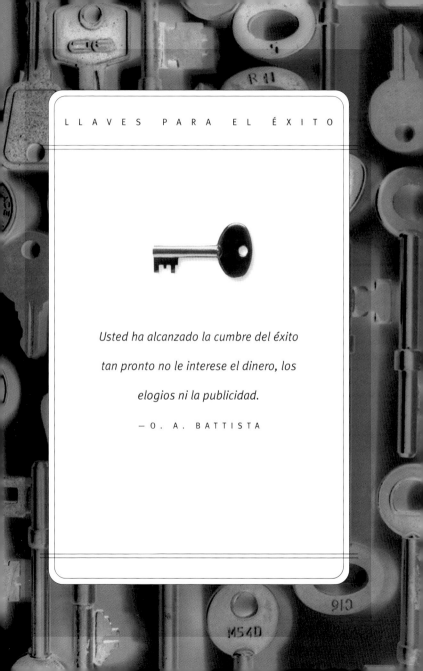

Usted ha alcanzado la cumbre del éxito

tan pronto no le interese el dinero, los

elogios ni la publicidad.

— O. A. BATTISTA

UN REGALO DEJADO EN LA CAJA

 iccolò Paganini está considerado uno de los más grandes violinistas de todos los tiempos. Era un virtuoso que dio su primer concierto a los once años. Su excepcional destreza revolucionó la técnica del violín en toda Europa.

Cuando Paganini murió en 1840, dejó en testamento su violín a Génova, Italia, su ciudad natal. Hizo esto con una condición: que ningún otro artista tocara de nuevo su violín. Felices de que el violín volviera a su posesión, los padres de la ciudad aceptaron la exigencia y lo pusieron en una hermoso estuche a la vista de todo el mundo.

Sin embargo, los instrumentos de madera tienen una peculiaridad. Cuando alguien los toca no muestran desgaste, pero si no se usan comienzan a deteriorarse. Eso fue lo que le ocurrió al violín de Paganini. El una vez exquisito instrumento se apolilló y se volvió inservible. Varias generaciones de músicos dotados han tocado otros violines de la misma época y continúan brindando música grandiosa a audiencias atentas. Sin embargo, el violín de Paganini es una reliquia carcomida de lo que una vez fue.

El talento que Dios le ha dado no puede ponerse a un lado como el violín de Paganini. Si usted no alimenta su habilidad, ésta comienza a decaer hasta que se vuelve inútil, pero si trabaja en ella con frecuencia e intenta sacarle el mayor provecho, ésta traerá una «música» que no solo le brindará alegría sino que también servirá a otros y le dará a usted el éxito.

El éxito es algo continuo.

Es crecimiento y desarrollo.

Es lograr algo y usarlo como peldaño

para obtener algo más.

— J O H N   C .   M A X W E L L

SEIS HÁBITOS DE PERSONAS SUMAMENTE INEFICIENTES

Tienen actitud de perdedor. Por lo general, las personas reciben lo que esperan de la vida. Espere lo peor y eso obtendrá.

Abandonan el crecimiento. Las personas son lo que son y están donde están por lo que ha entrado en sus mentes.

No tienen estrategia para la vida. Como dijera William Feather, autor de The Business of Life [El negocio de la vida]: «Hay dos clases de fracasados: Los que piensan y no actúan y los que actúan sin pensar».

No están dispuestas a cambiar. Algunas personas prefieren aferrarse a lo que odian en vez de tratar algo que quizás sea mejor porque temen obtener algo peor.

Fracasan en sus relaciones con los demás. Las personas que no pueden llevarse bien con otros nunca progresarán en la vida.

No están dispuestos a pagar el precio del éxito. La carretera hacia el éxito es todo el tiempo cuesta arriba. Todo el que quiera lograr mucho debe sacrificar mucho.

La mayor

recompensa por su trabajo

no es lo que logra de él; sino aquello

en lo que se convierte al hacerlo.

— J O H N   C .   M A X W E L L

AVES DEL MISMO PLUMAJE

Por muchos años Monterey, California fue un paraíso para los pelícanos. La ciudad era el lugar de muchas fábricas de conservas de pescado. De hecho, fue el hogar de Cannery Row, una calle que popularizó el premio Nóbel John Steinbeck en su novela del mismo nombre.

A los pelícanos les encantaba la ciudad porque allí los pescadores limpiaban la pesca, desechaban los intestinos y las aves marinas se daban un festín con esas sobras. En Monterey cualquier pelícano se podía alimentar bien sin tener que trabajar por su comida.

Sin embargo, con el paso del tiempo se redujo la cantidad de peces a lo largo de la costa de California y las fábricas de enlatados fueron cerrando una por una. Fue entonces cuando los pelícanos se vieron en problemas. Estas aves marinas son excelentes pescadores por naturaleza. Vuelan en grupos sobre las olas marinas y cuando encuentran un cardumen se lanzan al agua y atrapan su pesca. Pero los pelícanos de Monterey no habían pescado en años. Habían engordado y se habían vuelto perezosos. Y ahora que ya no tenían alimento fácil estaban pasando hambre de verdad.

Los ambientalistas de la región se rompieron la cabeza pensando en una forma de ayudar a los pelícanos y finalmente idearon una solución. Importaron pelícanos de otra región que salieran a buscar alimentos cada día y los pusieron con las aves locales. Los recién llegados comenzaron de inmediato a pescar su alimento y al poco tiempo las hambrientas aves nativas se unieron y empezaron también a pescar para comer.

Si tiene hambre de éxito, una de las mejores maneras para que las cosas comiencen a funcionar es tener a su alrededor personas que estén obteniendo logros. Pase tiempo con ellas. Observe cómo trabajan. Aprenda cómo piensan. Inevitablemente se volverá como aquellos que lo rodean.

Está bien estar contento con lo que tiene,

pero no con lo ques usted es.

— AUTOR DESCONOCIDO

¿DÓNDE USTED VIVE?

Los jóvenes viven en el futuro.

Los viejos viven en el pasado.

Los sabios viven en el presente.

EL TIEMPO EN SUS MANOS

 xamine su día. ¿Cómo lo gasta? ¿En qué rutinas ha caído de las que podría salir fácilmente? ¿Qué hábitos perjudiciales están absorbiendo diariamente valiosos minutos de su vida?

¿Qué pueden importar unos pocos minutos? Mire esto. ¿Qué pasaría si usted ahorrara...

Cinco minutos en su rutina mañanera (menos tiempo en vestirse, afeitarse, maquillarse, beber café, leer el periódico, etc.)?

Diez minutos al eliminar las cosas que cada mañana le paralizan el inicio de su trabajo o de su día de clases?

Cinco minutos evitando conversaciones intrascendentes u otras distracciones?

Diez minutos acortando el almuerzo o el receso para tomar café?

Esos minutos no parecen mucho, pero si usted hace esas cosas todos los días, cinco días a la semana, por cincuenta semanas, ganaría 125 horas adicionales de tiempo al año (¡el equivalente a más de tres semanas de cuarenta horas que puede usar en lo que quiera!). Además, si le gusta ver televisión, podría duplicar el tiempo que gana cada año si solo mira treinta minutos menos de televisión por día.

Generalmente el tiempo se malgasta

del mismo modo todos los días.

— PAUL MEYER

LOS DIEZ USOS MÁS VALIOSOS DE SU TIEMPO

Cosas que adelantan el propósito general de su vida.

Cosas que siempre ha querido hacer.

Cosas que otros dicen que no se pueden hacer.

Cosas que le ayudan a desarrollar su potencial al máximo.

Cosas que cultivan la habilidad de las personas para dirigir y triunfar.

Cosas que multiplican (y no simplemente suman) valor a usted mismo y a otros.

Cosas que motiven su creatividad.

Cosas que puede delegar en otros.

Cosas que promueven el trabajo en equipo y la sinergia.

Cosas que son oportunidades de ahora o nunca.

El éxito no es perfección;

el éxito está levemente por encima del promedio.

— A N Ó N I M O

La vida es como subirse a un taxi.

Ya sea que vaya a alguna parte o no,

el taxímetro sigue marcando.

— J O H N   C .   M A X W E L L

NO SE TRATA DE DINERO

E n el mejor de los casos, la riqueza y lo que esta trae, son cosas fugaces. Por ejemplo, en 1923 un pequeño grupo de los hombres más ricos del mundo se reunió en el Hotel Edgewater Beach de Chicago, Illinois. Eran la elite de la riqueza y del poder. En aquel tiempo, controlaban más dinero que la cantidad total existente en el Tesoro de los Estados Unidos. Esta es una lista de los que estuvieron allí y lo que a la larga les ocurrió:

Charles Schwab: presidente de la industria independiente de acero más importante... murió en la bancarrota.

Arthur Cutten: el más grande de los especuladores de trigo... murió insolvente en el extranjero.

Richard Witney: presidente de la Bolsa de Valores de Nueva York... murió poco después de ser puesto en libertad de la prisión de Sing Sing.

Albert Fall: miembro del gabinete de un presidente de los Estados Unidos... se le indultó de la prisión para que muriera en su hogar.

Jess Livermore: el «oso» más grande de Wall Street... se suicidó.

Leon Fraser: presidente del Banco de Convenios Internacionales... se suicidó.

Ivar Kreuger: jefe del monopolio más grande del mundo... se suicidó.

Hasta el millonario griego, Aristóteles Onassis, que conservó su riqueza y murió a edad avanzada, reconoció que el dinero no es equivalente al éxito. Sostuvo que «después que llegas a cierto nivel, el dinero pierde importancia. Lo que importa es el éxito».

TOMADO DE *EL VIAJE DEL ÉXITO*

La autoconfianza es el

primer secreto del éxito.

— ANÓNIMO

EL DIARIO DE UN BEISBOLISTA

Hace años el buen bateo de un joven beisbolista llamó la atención de un cazatalentos y le ofreció un contrato al muchacho. Cuando hizo su entrenamiento primaveral su actuación fue buena. Cada semana le enviaba un telegrama a su madre, que estaba en su hogar de Mississippi, para informarle de su progreso.

Primera semana: «Querida mamá, soy líder en bateo. Estos lanzadores no son muy difíciles».

Segunda semana: «Querida mamá, parece que estaré como iniciador en el cuadro. Mi promedio ahora es .500».

Tercera semana: «Querida mamá, hoy comenzaron a lanzar curvas. Estaré en casa el viernes».

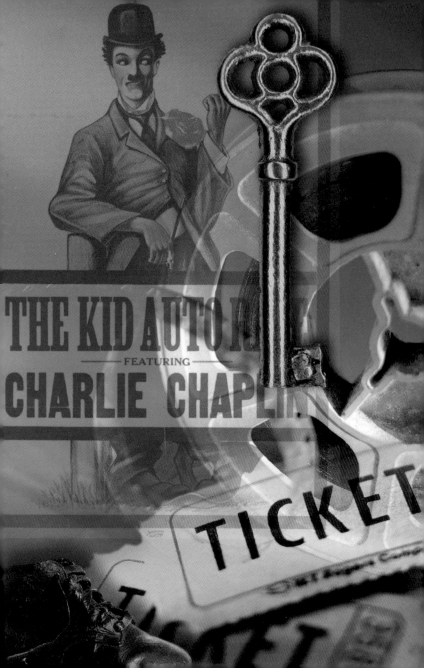

LA LECCIÓN SILENCIOSA:
HUMILDAD PARA APRENDER

S i ve la foto de un hombre con un bigote diminuto, un bastón, pantalones anchos y enormes, toscos zapatos y un sombrero de hongo, sabe inmediatamente que se trata de Charlie Chaplin. Casi todos lo reconocen. Es más, en las décadas de los años diez y los veinte fue el personaje más famoso y reconocible del planeta. Si examinamos las celebridades de hoy día, la única persona en su misma categoría de popularidad sería Michael Jordan. Y para saber quién es la estrella más grande, tendríamos que esperar otros setenta y cinco años para descubrir cuán bien recuerdan todos a Michael.

Cuando nació Chaplin nadie le hubiera pronosticado mucha fama. Nació en la pobreza como hijo de artistas de teatro de variedades. A su madre la internaron en un hospital cuando apenas era un niño por lo que terminó en las calles. Después de años en asilos y orfanatos comenzó a trabajar en escenarios para mantenerse. A los diecisiete años era un artista veterano. En 1914, cuando tenía alrededor de veinticinco años, trabajó para los Estudios Mack Sennett y Keystone en Hollywood, ganándose $150 semanales. Durante ese primer año en la industria del cine participó en treinta y cinco películas como actor, libretista y director. Todos reconocían inmediatamente su talento y crecía su popularidad. Un año después ganaba $1250 semanales. Entonces en 1918 hizo algo insólito. Firmó el primer contrato de la industria del entretenimiento por un millón de dólares. Chaplin tenía riqueza y fama, y era el más poderoso productor de películas en el mundo... a la temprana edad de veintinueve años.

Chaplin fue exitoso gracias a su gran talento e increíble dinamismo. Sin embargo, esas características se alimentaban por la humildad para aprender. Continuamente luchaba por crecer, aprender y perfeccionar su arte. Aun cuando era el artista más popular y mejor pagado en el mundo, no estaba contento con el statu quo.

Chaplin le explicó su deseo de mejorar a un periodista:

Cuando veo la presentación de una de mis películas ante una audiencia, siempre pongo atención especial a lo que no hace reír a la gente. Si, por ejemplo, algunas personas no ríen de un truco que supuse que iba a ser cómico, al instante comienzo a romperlo en pedazos y a intentar descubrir lo que estuvo mal en la idea o en su ejecución. Si oigo una leve sonrisa ante algo que no esperaba que fuera cómico, me pregunto qué causó la risa.

Ese anhelo de crecer llevó a Chaplin a triunfar económicamente y trajo un alto nivel de excelencia a todo lo que hacía. Su trabajo en aquellos días fue aclamado como un entretenimiento maravilloso. A medida que pasaba el tiempo se le reconocía como un genio de la comicidad. Hoy día, muchas de sus películas se consideran obras maestras y se le valora como uno de los más grandes productores de todos los tiempos. El guionista y crítico de cine, James Agee, escribió: «La pantomima más exquisita, la emoción más profunda y la poesía más rica y conmovedora estaban presentes en la obra de Chaplin».

Si cuando alcanzó el éxito Chaplin hubiera reemplazado su humildad para aprender con una arrogante autosatisfacción, su nombre estaría exactamente junto a Ford Sterling o Ben Turpin, las estrellas del cine mudo que hoy día no se recuerdan. Pero Chaplin se mantuvo creciendo y aprendiendo como actor, director y finalmente ejecutivo de películas. Cuando la experiencia le enseñó que los productores de películas estaban a merced de los estudios y distribuidores, comenzó su propia organización: United Artists, junto a Douglas Fairbanks, Mary Pickford y D.W. Griffith. Todavía hoy día la empresa de cine está funcionando.

Tomado de *Las 21 Cualidades*

Indispensables de un Líder

En realidad usted no paga por las cosas con dinero.

Las paga con tiempo.

«En cinco años habré ahorrado suficiente dinero

para comprar esa casa de vacaciones que deseo.

Entonces me tomaré las cosas con más calma».

Eso significa que la casa le costará cinco años...

una doceava parte de su vida adulta.

Traduzca en tiempo el valor en dólares de la casa,

auto o cualquier otra cosa y luego vea si aun vale la pena.

La frase gastar su tiempo no es una metáfora.

Así es como funciona la vida.

— CHARLES SPEZZANO

UN LLAMADO A LAS ARMAS

Durante la Segunda Guerra Mundial las fuerzas aliadas llamaron a todos los hombres disponibles a estar listos para pelear en la Batalla del Bulge. Una unidad que consistía de trabajadores de oficina se convirtió a toda prisa en infantería y se le asignó una sección del camino que se pensaba que iba a estar bajo el fuego en pocas horas.

A los hombres se les ordenó cavar trincheras desde las cuales pelearían. Un individuo, quien había pasado muchos años frente a la maquinilla, trataba con ahínco pero progresaba poco en aquel terreno de roca dura. Finalmente se acercó a su teniente y le dijo: «Señor, ¿no sería más fácil si nosotros solo atacáramos y los obligáramos a ellos a cavar las trincheras?»

A menos que se valore a sí mismo,

no valorará su tiempo. Hasta que valore su tiempo,

no hará nada con él.

— M. SCOTT PECK

LA VERDADERA MEDIDA DEL ÉXITO

Ser capaz de llevar dinero sin gastarlo;

Ser capaz de soportar una injusticia sin tomar represalias;

Ser capaz de hacer los deberes que nos corresponden
cuando nos observan con ojos críticos;

Ser capaz de mantenerse trabajando hasta concluir;

Ser capaz de hacer el trabajo
y dejar que otros reciban el reconocimiento;

Ser capaz de aceptar críticas sin estallar en cólera;

Querer a quienes le defraudan;

amar cuando el odio le rodea;

seguir a Dios cuando otros ponen
señales de desvío en su camino;

tener paz en su corazón porque
le ha dado a Dios lo mejor de usted.

Esta es la verdadera medida del éxito.

— AUTOR DESCONOCIDO

LA FAMA NO VALE UNA PULGA

E n cierta ocasión le preguntaron a Walt Disney: «¿Qué se siente ser una celebridad?» Esta fue su respuesta:

«Se siente bien cuando le ayuda a conseguir un buen asiento para un partido de fútbol, pero nunca me ha ayudado a hacer una buena película, o a hacer un buen tiro en un juego de polo, o a exigirle obediencia a mi hija. Ni siquiera parece alejar las pulgas de nuestros perros, y si ser una celebridad no le da a uno ventaja sobre un par de pulgas entonces creo que después de todo no vale mucho la pena ser una celebridad».

No confunda fama con éxito.

Madonna tiene una; Hellen Keller tiene la otra.

— E R M A   B O M B E C K

DÉ LO PRIMERO A DIOS

Dé a Dios la primera parte de cada día.

Dé a Dios el primer día de cada semana.

Dé a Dios la primera porción de sus ingresos.

Dé a Dios la primera consideración en toda decisión.

Dé a Dios el primer lugar en su vida.

— JOHN C. MAXWELL

Quizás sería una buena idea, tan

fantasiosa como parece, apagar todos los teléfonos,

detener todo motor y parar toda actividad

por una hora, para dar a las personas una oportunidad de

cavilar por unos instantes acerca de qué se trata todo esto,

por qué viven y qué desean realmente..

— JAMES TRUSLOW ADAMS

El Principio del Atizador Caliente

*Si coloca un atizador cerca del fuego de
una chimenea, éste también se calienta.
Para triunfar, siga el
principio del atizador caliente.*

- *Rodéese de hombres y mujeres
maravillosos y aprenda de su experiencia.*
- *Visite lugares maravillosos.*
- *Asista a eventos maravillosos.*
- *Lea libros maravillosos.*

DE ADENTRO HACIA AFUERA

La mayoría de las personas enfocan el éxito de fuera hacia adentro, pero el verdadero éxito se logra de adentro hacia afuera. Enfóquese en su carácter y mejorará toda su vida. Los cambios en el carácter producen sustancia y poder, mientras las mejoras externas son solo cosméticas y se deshacen rápidamente.

Cuando se enfrenta a la crisis,

el hombre de carácter se

apoya en sí mismo.

— C H A R L E S   D E   G A U L L E

Tener potencial
funciona de manera contraria
a una cuenta de ahorros.
En una cuenta de ahorros, a medida
que pasa el tiempo, su dinero aumenta.
Mientras menos toque el dinero de su cuenta,
más incrementa sus intereses.

Cuando se trata de potencial,
mientras menos lo toca, más disminuye.
El potencial que no se usa se atrofia.
Si quiere que su potencial se incremente
tiene que usarlo.

— J O H N   C .   M A X W E L L

UNA NOCHE TORMENTOSA

Ya era muy tarde en una noche tormentosa y para protegerse de la lluvia una pareja de ancianos entró al vestíbulo de un pequeño hotel en Filadelfia, con la esperanza de conseguir un cuarto para pasar la noche. Mas para su desilusión, el hotel estaba lleno.

—Hay tres convenciones en la ciudad —dijo el simpático recepcionista—. Me temo que todos los hoteles están llenos.

La pareja se disponía a salir, pero el recepcionista continuó:

—No puedo permitir que una pareja tan hermosa salga en medio de esta lluvia y a la una de la madrugada. ¿Estarían dispuestos a dormir en mi cuarto? No es exactamente una suite pero pasarán cómodos la noche.

La pareja tuvo sus dudas pero el hombre insistió. «No se preocupen por mí, estaré bien», dijo, por lo que finalmente aceptaron la oferta.

Cuando salieron a la mañana siguiente, el anciano le dijo al recepcionista:

—Usted es la clase de gerente que debería manejar el mejor hotel en los Estados Unidos. Quizás algún día construiré uno para usted.

El muchacho en la recepción simplemente sonrió y le dio las gracias.

Dos años después, el recepcionista recibió una carta de aquel anciano. En ella había un boleto de ida y vuelta a la ciudad de Nueva York y una nota. Le recordaba al recepcionista la noche en que había ayudado a la pareja y lo invitaba a hacerles una visita. Aunque él casi había olvidado el incidente, decidió aceptar el ofrecimiento.

Se encontraron con el joven en una estación del tren en Nueva York y luego lo llevaron a la esquina de la Calle Treinta y Cinco con la Quinta Avenida.

—Ese —dijo el anciano, señalando un inmenso edificio nuevo en la esquina hecho de piedra rojiza—, es un hotel que acabo de construir para que usted sea el gerente.

—Usted debe estar bromeando— dijo el recepcionista.

—Le aseguro que no— dijo el anciano sonriendo.

El anciano era William Waldorf Astor. El enorme rascacielos era el Hotel Waldorf Astoria original. Y el joven recepcionista era George C. Boldt, su primer gerente.

Una vida sin usar es una muerte temprana.

— A N Ó N I M O

Si Usted Quiere Felicidad

Si quiere felicidad por una hora,
duerma una siesta.

Si quiere felicidad por un día,
vaya de pesca.

Si quiere felicidad por un mes,
cásese.

Si quiere felicidad por un año,
herede una fortuna.

Si quiere felicidad por toda la vida,
ayude a otros.

— PROVERBIO CHINO

LA CARRERA AL AMANECER

Cada mañana en África

despierta una gacela. Ella sabe que debe correr

más rápido que el león

o de lo contrario morirá.

Cada mañana un león despierta.

Sabe que debe atrapar a la más lenta de las gacelas

o de lo contrario morirá de hambre.

No importa si usted es un león

o una gacela; cuando el sol salga,

mejor es que lo sorprenda corriendo.

— PARÁBOLA AFRICANA

LA REGLA DE LAS
VEINTICUATRO HORAS

Don Shula, antiguo entrenador de los Delfines de Miami, es el único entrenador que pudo llevar a su equipo profesional de fútbol americano a tener una temporada perfecta y a ganar el Super Tazón. ¿Su secreto? Al entrenar aplicaba la regla de las veinticuatro horas. Después de cada partido dejaba que sus asistentes, sus jugadores y él mismo, celebraran una victoria o se sobrepusieran a una derrota por solo veinticuatro horas. Durante ese tiempo les animaba a sacar el máximo provecho de la experiencia. Pero una vez concluidas las veinticuatro horas, tenían que olvidarse de ella.

Usted no tiene que ser un futbolista para beneficiarse de ese consejo.

> *Hay dos clases de individuos*
>
> *que nunca consiguen mucho en su vida.*
>
> *El que no hace lo que se le pide y el*
>
> *que no hace más de lo que se le pide..*
>
> — ANDREW CARNEGIE

EL «DCT» DEL CRECIMIENTO

Estas tres palabras determinarán su crecimiento:

DECISIÓN: le permite *empezar* a crecer.

CAMBIO: le permite *mantenerse* creciendo.

TIEMPO: le permite *disfrutar* el crecimiento.

Añoro realizar una tarea grande y noble;

pero mi principal deber y trabajo es cumplir con mis

pequeñas tareas como si fueran grandes y nobles.

El mundo no solo se mueve por los

potentes empujones de sus héroes,

sino también por la suma de los pequeños

empujoncitos de cada trabajador honrado.

— HELEN KELLER

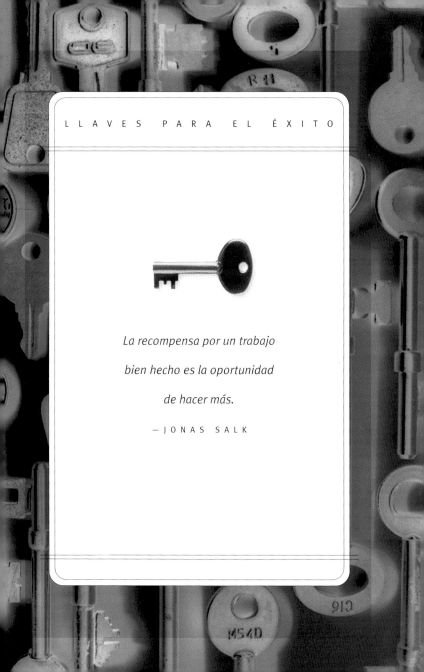

LLAVES PARA EL ÉXITO

La recompensa por un trabajo

bien hecho es la oportunidad

de hacer más.

— J O N A S   S A L K

DETÉNGASE, MIRE Y ESCUCHE

Detenerse para saber lo que está haciendo y porqué no es una actividad de una sola vez. Debe ser una actividad diaria. Pase tiempo cada mañana o tarde pensando en el día que viene. Doce veces al año separe un día para planificar su mes. Además, pase toda una semana cada año reflexionando y evaluando, para medir el año que acaba de concluir, para planificar el año que se inicia y para mantenerse en el sendero de su propósito.

El mundo se hace a un lado

para dejar pasar a alguien que

sabe hacia dónde va.

— DAVID STARR GORDON